AF284521

Föhrliebte Gedanken - Eine
Sommerreise mit Gefühl

(Ein Blick ins Innere)

Die Gedichte in diesem Buch entstanden im Sommer 2010 während meines mehrwöchigen Aufenthaltes auf Föhr.

Sie spiegeln meine Gedanken und Gefühle wieder und zeigen welche Ruhe mir die Insel verliehen hat und welche Kraft ich dort gewonnen habe.

Die Gedichte sind eine Reise durch meine Gefühlswelt – meine föhrliebten Gedanken und für mich daher eine Sommerreise mit Gefühl.

Bibliografische Information der Deutschen Nationalbibliothek:
Die Deutsche Nationalbibliothek verzeichnet diese Publikation in
der Deutschen Nationalbibliografie; detaillierte bibliografische Daten
sind im Internet über http://dnb.dnb.de abrufbar.

© 2018 Maria Martin
Herstellung und Verlag: BoD – Books on Demand, Norderstedt
ISBN: 9783752803242

Für Alina, Yannik und Lars

Inhaltsverzeichnis

Die Augen öffnen

Was die Menschen begehren

Wonach sich das Herz sehnt

Sollte man nicht immer verwehren.

Traurig werden die Gesichter

Krank wird das Innere von ihnen

Mit Freude werden die Sorgen lichter.

Der Verzicht auf das Glück und die Freude

Nimmt die Kraft zum weiterleben

Aber das verstehen nicht alle Leute.

Die Augen zu öffnen fällt schwer

Zu erkennen was wirklich zählt im Leben

Wollen wir nicht alle davon ein wenig mehr?

Indianerin

Ich sage immer, was ich in meinem Herzen für
wahr halte,
darum geht es.

Wenn alle das verstehen könnten, würden sie
wissen wie ich mich fühle.

Wenn andere Menschen sich ihre Kultur
bewahren
Und weiter danach leben würden,

wüssten sie um diese Dinge.

Manchmal sagen die Leute, ich würde wieder
Indianerin spielen.

Oh, das ist traurig.
Ich glaube nicht, dass ich Indianerin spielen
oder mich wie eine aufführen muss.

Ich bin eine

Ich bin so

Ich bin, wer ich bin

Und ich bin stolz drauf.

Für dich JULIA

Der Regen klopft an mein Fenster und

Ich weiß der Himmel weint mit mir.

Auf eine Freundin wie dich konnte ich immer bauen

Und du hast mich viel gelehrt,

ohne zu fragen warst du einfach da.

Ich wollte dir noch so vieles sagen,

so vieles für dich tun und mit dir teilen.

Ich weiß das Gott jetzt auf dich aufpasst

Und ich wünsche dir Frieden.

Du wirst immer in meinen Gedanken sein

Und immer in meinem Herzen.

Ich hab' dich lieb und du fehlst

Mir so sehr. Leb' wohl.

Das bist du mein Schatz

Küsse sanft wie Wasser auf der Haut

Worte lieb wie eine Brise Wind

Eine Stimme weder leise noch laut

Und Lippen so süß wie ein unschuldiges Kind

Haare die sich kräuselnd um meine Finger
winden

Und Hände an die möchte ich mich für immer
binden

Eine Geduld so unendlich weit

Und Gedanken so vergänglich wie die Zeit

Stets sorgenvoll bemüht um mich

Dafür liebe ich dich

Die Seele

Eine Seele für die Ewigkeit

Eine Seele für Lasten unserer Sünden

Eine Seele für die Fehler die wir begehen

Eine Seele für das Glück das wir brauchen

Eine Seele die unser Wesen bestimmt

Eine Seele die unsere Persönlichkeit prägt

Eine Seele die wir nicht verstehen

Eine Seele die wir nicht in Worte fassen können

Eine Seele die unser innerster Kern ist.

Einmal in sich gehen und verstehen

Zu verstehen woran wir glauben

Und mit ihr in die Ferne gehen.

Die Feder

Auf den Wogen des Windes,

gleitet sie auf dessen Wellen,

schwingt sie einher und findet ihren Weg.

Leicht und frei von allen Lasten

Wie die Seele eines Kindes

Keiner bestimmt ihr Ziel

Und findet sie einen Platz zum verweilen,

dann sicher nicht für lange...

die Freiheit lockt und ruft und erneut

wieder erhebt sie sich auf die Wogen des
Windes.

Kerzenschein

Es ist das Licht und die Wärme der Kerzen

Die mein Herz erhellen und mich erfreuen

Und tief in meinem Inneren, meinem Herzen

Ist mir klar, es gibt vieles zu bereuen.

Die gemütliche Stimmung trügt

Nichts ist mehr wie es scheint,

wie oft wurde ich schon von falschen Freunden
belügt

und habe oft stundenlang geweint.

Ich schöpfe neuen Mut und Kraft

Die Kerzen lösche ich aus

und gehe weiter.....

Die Sonne geht unter

Die Sonne geht unter

Und mit ihr alle schöne Erinnerungen an dich

Die Helligkeit des Tages verschwindet

Wo bist du jetzt frage ich mich.

In meinen Herzen ist es dunkel geworden

Die Freude ist vergangen

Ich fühle mich nicht mehr geborgen

Und um mich herum wird es immer dunkler.

Die Einsamkeit umarmt meine Seele

Meine Tränen sind nur für dich

Der Schmerz lähmt meine Stimme und Kehle

Ich kann und will es nicht begreifen.

Die Sonne geht unter
Und mit ihr alle Träume und Wünsche.

Es gibt Dinge

Es gibt Erlebnisse, Wünsche, Hoffnungen,
die trägst du so tief in deinem Herzen
dass kein Mensch sie zu zerstören vermag.

Es gibt Augenblicke in deinem Leben,
die dich so tief berühren
dass ein Wort und ein Blick ausreichen um
dich zum Weinen zu bringen.

Es gibt Momente in deinem Leben,
die du für kein Geld der Welt hergeben
würdest.
Egal wie kurz sie auch sein mögen,
du wirst jede Sekunde von diesem Moment
geniessen.

Es wird Menschen geben,
die dich immer lieben werden,
selbst über den Tod hinaus.
Die dich immer in ihrem Herzen tragen werden.

Als diese Dinge sind ein Teil deines Lebens
und du wirst von ihnen geprägt.
Diese Dinge lassen dich das Leben erleben

Wieder ist ein Jahr vorbei

Die Blätter fallen sachte zu Boden,

die Tage werden kälter und eisiger,

der Atem in der Luft wird frostiger.

Wieder ist ein Jahr fast vergangen,

wir fragen uns wo ist die Zeit hingegangen.

Wieder ein Jahr älter und kein wenig schlauer.

Ein Jahr vorbei mit Freude, Liebe, Glück und Trauer.

Die Zeit verrinnt wie Sand in unserer Hand,

unser Blick gleitet sehnsüchtig über das kahle Land.

Kaum einer erinnert sich an alles erlebte

Und nächstes Jahr stehen wir wieder hier,

denken das Gleiche und wissen:

Wieder ist ein Jahr vorbei.

Fern von meinem Weg

Fern von meinem Weg
lern' ich was wirklich zählt.
Erfahre alles wichtige,
bewahre meine Geheimnnisse.

Neben dem Weg finde ich das
Leben das mich bewegt,
kann mich enfalten,
wann und wie ich es will.

Wage neue Dinge in meinem Leben,
frage mich was ich wirklich brauche,
gehe keine unnötigen Kompromisse ein,
sehe was für mich das Beste ist.

Im Wald

Ich suche im Wald die Geborgenheit,

finde in der Stille Kraft und Energie.

Vergesse dort Raum und Zeit

und fühle die natürliche Liebe und Magie.

Sonne auf Schnee

Die Sonne bricht durch die Wolken

Ganz sanft küsst sie mein Gesicht

Spiegelt sich in meinen Augen

Der Schnee funkelt wie ein Diamant vor mir

Die Kälte weht um mich

Kleine Eissterne bilden sich an den Fenstern

Doch alles glänzt in stiller Eintracht

Und die Sonne erwärmt unser Herz.

Fragen über Fragen

Soll ich es wagen..

Ins kalte Wasser springen

Mit dem Schicksal ringen

Neue Wege gehen

Mich neu erleben und verstehen

Welcher Weg ist der richtige für mich?

Welche Entscheidung richtig für und, für dich?

Bist du bei mir...

Egal ob dort oder hier?

Fragen über Fragen...

Meine einzige Bitte

Der Weg nach unten ist nah

Der Weg nach vorn ist weit

Wahre Freunde sind hier und da

Überall begegnet dir Neid

Hass und Intrigen lauern auf deinem Weg

Es ist mein Herz das ich in deine Hände leg‘

Zeig mir die richtigen Schritte,

das ist meine einzige Bitte.

Wo ist mein Herz?

Wo ist mein Herz?
Warum fühle ich all diesen Schmerz?

Es ist die Liebe die mich leitet,
weg von dunklen Pfaden.

Hin zu dir, der Liebe meines Lebens.

Du gibst mir neue Kraft
und neuen Lebensmut um alles zu überstehen.

Doch meinen Schmerz kannst auch du mit nicht
nehmen.

Mein Herz ist auf der Suche,
aber deine Liebe leitet mir den Weg.

Familie

Eltern sorgen sich ein Leben lang um dich

Sie behüten und ziehen dich auf

Was auch immer geschieht, sie halten zu dir.

Gute Ratschläge geben sie dir mit auf den Weg

Haben für Probleme immer ein offenes Ohr.

Als Kind sind wir genervt von unseren Alten

Doch später verstehen wir unsere Eltern

Dann wenn wir selbst Vater und Mutter sind.

Viele Entscheidungen werden klarer für uns

Und unsere Bockigkeit bereuen wir vielleicht.

Die Familie streitet, die Familie verzeiht,

die Familie liebt und geht eigene Wege.

Am Ende hält sie immer zusammen,
das ist Familie.

Jede Nacht

In jeder dunklen Nacht
bist du da und gibst auf mich acht.
Du wachst über jeden guten und schlechten
Traum
mit einer liebevollen Art man glaubt es kaum.
Seite an Seite schlafen wir,
du bist so greifbar nahe bei mir.
Du legst ganz still den Arm um mich,
deine Wärme zu spüren ist einfach herrlich.
Ganz sanft küsst du mich jede Nacht,
und passt auf mich auf und gibt's acht.

Dieser Moment

Dieser Moment ist kostbar,
einzigartig und rar.
Geniesse und entspanne dich,
diese Ruhe ist einfach herrlich.
Gehe in dich und lass' dich nicht stören,
du wirst noch genug ärgerliches hören.

Dieser Moment ist für dich bestimmt,
sei auf der Hut das ihn dir keiner nimmt.
Schalte das Telefon einfach mal auf stumm,
es nimmt dir bestimmt keiner krumm.
Höre in dich hinein,
was sagt dir dein Herz, so ganz allein?

Dieser Moment ist ein Geschenk für dich;
leider währt er nicht ewiglich.
Zu schnell ist alles wieder vorbei,
für einen Moment warst du leicht und frei.

Einen Blick ins Innere

Tief in dir drin,
verborgen in deinem Herzen,
vergraben in deiner Seele,
dort ist deine Persönlichkeit versteckt.

Wen du in deinem Herzen trägst,
wer dir nahe steht,
was du fühlst und denkst,
kann keiner wirklich wissen.

Deine Maske fällt nur selten,
deine wahres Ich kennt kaum einer,
deine Wünsche und Träume sind fremd,
keiner kann dir wirklich nahe sein.

Du gewährst keinem einen Blick ins Innere.

Das Neue Leben

Das neue Leben wächst in mir
es ist die Verbindung zu dir.
Unterm Herz trag ich unser Glück
gebe es nie wieder zurück.

Kleine Bewegungen stupsen meinen Bauch
fühle es wie der Brise Hauch.
Kleine Hände boxen mich ganz sacht
nachdem es vom Schlaf erwacht.

Das kleine Wesen
hat mich wundersam genesen.

Mein wahres Selbst

Fernab der großen Stadt
schlägt mein Herz langsamer
mein Atem ist ruhig und pur.

Ich fühle den Rhythmus
und den Puls der Natur.

Das bange Gefühl ist weg und ich empfange..
.... Die Einsamkeit.

Die Leere in mir schwindet
und füllt sich mit... Zufriedenheit.

Mein Blick ist klar
und ich erkenne Mein Wahres Selbst.

Das Geheimnis

Wie oft hast du mich gedeckt
Tief im Herzen blieb es versteckt.
Kein Wort wird je verloren
einst hatten wir dies geschworen.

Verborgen muss es bleiben für immer
wird doch sonst alles nur schlimmer
Eine Mauer aus Schweigen
bilden wir in unseren Reigen.

Zwei Menschen tief verbunden
leiden an ihren alten Wunden.

Niemals wird es je offenbart
für immer wird das Geheimnis bewahrt.

Wasserfall

Inmitten des Wasserfalls
fallen die Wassertropen
wie Perlen auf die Haut.

Das Licht wird seinen Glanz hindurch
und hinterlässt kleine Regenbogen
wenn man zum Himmel schaut.

Der Weg des Schicksals

Die Lebenslinie weist den Weg des Lebens
unser Schicksal ist längst bestimmt.
Wozu des Glückes und Liebes Strebens?
Wir haben keine andere Wahl.

Schritt für Schritt gehen wir weiter voran
glauben wir treffen jede Entscheidung,
doch jede Tat ist nicht spontan.
In unserem Leben gibt es keine Neuerung.

Der Stempel des Schicksals haftet an uns allen.
Das Leben wurde längst geprägt vor Jahren
und es ist egal welchen Weg wir fahren
es hat uns ob wir wollen oder nicht zu gefallen.

Meine kleines Ich

Gefangen im inneren Kern
von der Realität so fern
lebt mein kleines Ich
und beschützt Mich.

Das kleine Ich von Mir
hat keine Angst vor dir.
Du hast mir soviele Träume genommen
und ich sehe die Zukunft ganz verschwommen.

Doch meine kleine ICH
sammelt Kraft für Mich.

Es bäumt sich auf!

Und es sagt: Weine nicht! Kämpfe! Lauf!

Die Seele und das Herz

Die Seele brennt
schreit
und hat Angst.

Das Herz trauert
weint
und ist gerissen.

Die Seele ist getrennt
von ihrem Spiegelbild
ist unvollständig.

Das Herz bedauert
ist es tief verletzt
und entzwei.

Nur ein Blick

Dieser endlose Weite Blick
        berührt mich so tief.
Bin von der Schönheit verzaubert
        lasse mich einfach fallen.
Der Wind küsst meine Haut
        und zerzaust mein Haar.
Die Stille kehrt zurück
        mit leisem Schritt....
                Stück für Stück
bis hin zur absoluten Ruhe.

Nur ein Anruf ·

Es ist dieser eine Anruf
Der dich aus der Bahn wirft
der dir das Ende vor Augen hält.

Das Gefühl zu fallen –
            in ein tiefes schwarzes Loch.
ohne zu wissen wie es endet

Ich brauche Halt.

Ich brauche Kraft.

Und dann .. verschont mich das Schicksal.
Meint es gut mit mir.

Ich bin froh und beschämt weil ich nicht
betroffen bin.

Die Ruhe am Abend

Die abendliche Sonne senkt sich nieder
Ich atme die süße Note von Flieder
wie lieb doch diesen lieblichen Duft
der so zärtlich liegt in der Luft.

Ein Vogel zwitschert leise vor sich her,
von dieser Melancholie wünsch ich mir noch
mehr.

Frösche stimmen in den Gesang mit ein,
Grillen singen ganz hoch und fein.

Ich hebe mein Glas Wein
und proste der Natur zu.

Einfach herrlich diese glückselige Abendruh'.

Tausend....

Tausend Fragen in meinem Kopf
Wohin soll ich mich wenden?

Tausend Gedanken schwirren um mich herum
Womit werde ich meine Zeit verschwenden?

Tausend Ideen lassen mir keine Ruhe
Wie wird unser Leben wohl einst enden?

Ein jeder will es erfahren
- doch keiner fragt es laut.

Auch nicht nach vielen Jahren
hab auch mich nicht getraut.

Elfenhaftes

Die kleinen Flügel flattern sacht
Sie ist für diese idyllische Welt gemacht

Die blasse Haut so elfengleich
und der Körper so an Anmut reich.

Füsse und Hände so klein
und im Herzen von Schwere rein.

Eine Stimme so hoch und lieblich,
sanft und anmutig gleich.

Finsternis

Die Finsternis greift nach meinem Herz.

Das Innere schreit.

Die Erlösung ist nicht mehr weit.

Der Hauch des Todes löst den Schmerz.

Die Qualen sind vorbei.

Die Seele ist endlich frei.

Der Schlüssel zum Glück

Der Schlüssel zum Glück hat jetzt einen
Stammplatz gefunden

Für mich ist es die große Landliebe geworden

Das Herz ist hier auf ewig gebunden

Fühle mich hier rundherum geborgen

Ahoi Matrose - fahre nur weiter zur See

Ich hab lang schon nicht mehr dieses Fernweh

Lebe jetzt im hier und jetzt voll Genuss

lebe im Moment und auf festen Fuss

Jede neue Erfahrung macht mich reicher und ist
gut

jede Überwindung gibt mir neue Kraft und gibt
Mut

Salz auf meiner Haut

Ich atme tief ein und spüre das Salz auf meiner Haut

Um mich herum ist es ganz leise und gar nicht laut

Die Möwen ziehen ihre Runden

und so..... verweile ich hier für Stunden

Hier am Meer, ohne Leute, Lärm oder Streit

da sind die Sorgen ganz weit weg, einfach ganz weit

Ich atme tief ein und spüre das Salz der Nordsee auf meiner Haut

Föhrliebt

Ein kleines Wort mit Bedacht
in der stillen Nacht
Worte können nie beschreiben was ich fühle

Ich bin föhrliebt

Mein Herz ist hier Zuhause
und ich habe hier Frieden
Es gibt kein Wort für das was ich fühle

Ich bin föhrliebt

Auf die Wellen lege ich mein Herz
und hoffe sie tragen mich zu Dir.

Ich bin föhrliebt